Arcoíris de Corazones:

Refranes de Amor y Diversidad

Damián Almaraz

Prólogo

En el corazón vibrante de nuestra humanidad, donde los colores del arcoíris se entrelazan en un baile de luz y sombra, nace "Arcoíris de Corazones: Refranes de Amor y Diversidad". Este libro no es simplemente una colección de palabras; es un santuario donde cada letra y cada espacio respiran el espíritu de la inclusión, del amor en su forma más pura, y de la diversidad como la esencia más verdadera de nuestra existencia.

En sus páginas, cada refrán es un susurro del alma; un llamado a la acción para abrazar nuestras diferencias, celebrar nuestras identidades y construir puentes de entendimiento y respeto. Este libro es un espejo donde todos podemos vernos reflejados, independientemente de cómo nos identifiquemos o a quién amemos. Es un recordatorio poderoso de que, en la diversidad de nuestras experiencias y existencias, reside nuestra mayor fortaleza y belleza.

"A través de la historia, la comunidad LGBTQ+ ha tejido narrativas de resistencia, amor y esperanza en el tapiz más amplio de nuestras sociedades. "Arcoíris de Corazones" busca ser un hilo más en ese tejido, uniendo voces en un canto común de orgullo y afirmación de la vida en todas sus formas.

Nos embarcamos juntos en este viaje, no solo para leer y reflexionar, sino para sentir profundamente y vivir auténticamente. Que cada página de este libro ilumine un camino hacia el entendimiento y la aceptación, y que cada refrán sea una semilla de cambio plantada en los corazones de todos los que buscan un mundo más inclusivo y amoroso.

A ustedes, valientes viajeros del espectro infinito del ser, les extendemos nuestras manos y corazones. Que "Arcoíris de Corazones" sea un faro de esperanza en sus días, un consuelo en sus noches y un compañero constante en su búsqueda de un amor que no conoce fronteras.

Bienvenidos a un viaje de amor, de lucha, de risa y de lágrimas. Bienvenidos a la celebración de la vida en su máxima expresión. Bienvenidos a "Arcoíris de Corazones".

Dedicatoria

A la comunidad gay en todas partes del mundo,

Este libro está dedicado a cada uno de ustedes, a los corazones valientes que han navegado por las aguas a veces turbulentas de la aceptación y el amor propio. A aquellos que han luchado, a aquellos que han amado, a aquellos que han perdido y a aquellos que siguen buscando su lugar en este mundo vasto y diverso.

Queremos que sepan que son amados por lo que son, en toda su maravillosa complejidad y belleza única. Cada sonrisa, cada lágrima, cada momento de duda y cada acto de coraje, conforma el tejido vibrante de esta comunidad increíblemente resiliente.

Este libro es un homenaje a su fuerza, a su ternura, a su capacidad de amar profundamente en un mundo que no siempre les devuelve ese amor de la misma manera. Es un recordatorio de que, aunque el camino pueda sentirse solitario en momentos, nunca están solos. Hay una familia global, una comunidad de almas afines, que camina junto a ustedes, compartiendo sus luchas y celebrando sus triunfos.

Que "Arcoíris de Corazones: Refranes de Amor y Diversidad" sirva como un faro de esperanza, un abrazo cálido en los días fríos y una fuente de fuerza cuando el camino se torne difícil. Más allá de las palabras, que este libro sea un refugio seguro, un espacio donde cada uno de ustedes pueda verse reflejado y celebrado por la simple y poderosa verdad de ser exactamente quien es.

Con amor y solidaridad,

Damián

"Arcoíris tras la lluvia, igualdad tras la lucha."

"El amor no tiene género, la comprensión no tiene límites."

"Corazones diversos, mismos latidos."

"En el jardín de la diversidad, cada flor
tiene su lugar."

"Quien ama sin miedo, abraza la vida
con verdadero valor."

"La libertad de ser es el más preciado
tesoro."

"Por cada voz que se silencia, mil más
se levantarán."

"El respeto tiende puentes donde el prejuicio cavó fosos."

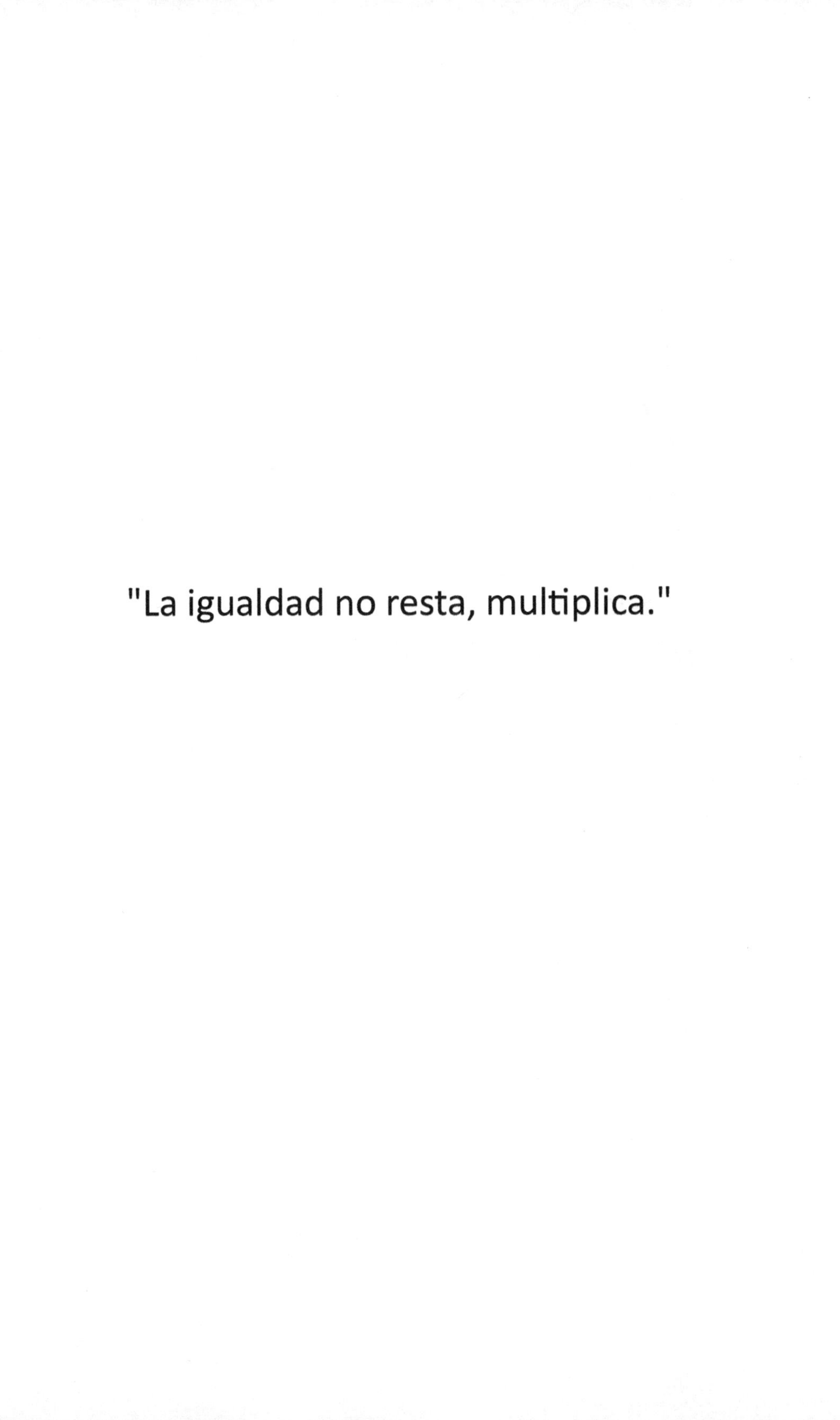
"La igualdad no resta, multiplica."

"Ser diferente es lo que nos une."

"El amor en colores, más brillante se
ve."

"No hay armario que contenga el espíritu libre."

"Cada paso en nuestro camino es un
arcoíris por descubrir."

"La verdadera valentía es ser quién eres, en un mundo que espera que seas otro."

"En la variedad está la magia; en la diferencia, la riqueza."

"El respeto es el idioma del amor verdadero."

"Más allá de los géneros, somos almas
en unión."

"Abrazar la diferencia es tejer la tela de
la humanidad."

"Cada corazón libre añade un verso a la canción del mundo."

"Donde hay amor, no hay sombras."

"En el espectro del arcoíris, cada color cuenta su historia."

"La aceptación es el puente hacia un mundo donde todos pertenecemos."

"La diversidad es el jardín donde
florecen todas las almas."

"El coraje de ser es el regalo más
valiente al mundo."

"La libertad de amar es el eco de un mundo justo."

"Ser uno mismo es la melodía más hermosa."

"El respeto florece donde la ignorancia se marchita."

"La igualdad brilla más fuerte donde antes había sombras."

"Cada identidad es una letra en el
abecedario de la humanidad."

"Por cada paso atrás, la comunidad
avanza dos hacia adelante."

"En la sinfonía de la vida, cada voz
merece ser escuchada."

"El amor no conoce de etiquetas, solo de corazones."

"Unidos en diversidad, invencibles en unidad."

"La empatía es el lenguaje universal del amor."

"Nuestra verdadera naturaleza florece
en la libertad de ser."

"La igualdad no es un regalo, es un derecho."

"En el corazón de la tolerancia se
encuentra el amor."

"El valor de ser uno mismo ilumina el camino para otros."

"La verdadera belleza radica en la
diversidad de ser."

"Cada historia de amor es un hilo en el
tejido del universo."

"La aceptación es la llave que abre
todas las puertas a la felicidad."

"Donde florece el respeto, el amor no tiene límites."

"Cada paso en la marcha del orgullo es
un salto hacia la igualdad."

"En el abrazo de la diversidad, el
mundo encuentra paz."

"Las alas de la libertad crecen en el terreno del respeto."

"La verdadera comunidad no deja a nadie atrás."

"La luz del amor propio ilumina el camino hacia el cambio."

"El arcoíris de la humanidad brilla más
fuerte en la unidad."

"Las diferencias nos enseñan, la igualdad nos une."

"Cada expresión de amor es un verso
en el poema de la vida."

"El valor de ser auténtico eclipsa el
miedo a ser diferente."

"En el tejido de la sociedad, cada hilo cuenta."

"La igualdad es el eco de la justicia."

"Por cada voz que se eleva, un corazón
se libera."

"La armonía se encuentra en la sinfonía
de nuestras diferencias."

"El amor sin etiquetas es el más puro de todos." -.

"Abrazar a otro es reconocer el reflejo
de uno mismo."

"La diversidad es el lienzo de la humanidad." .

"Ser diferente es regalar al mundo una nueva perspectiva."

"El universo se viste de colores cuando abrazamos quiénes somos."

"Donde se entrelazan los corazones, las diferencias se desvanecen."

"La autenticidad es el idioma del alma
que todos entendemos."

"El coraje de ser tú mismo es el regalo
más grande al mundo."

"El respeto mutuo es el primer paso
hacia el entendimiento."

"La diversidad nos enseña que cada camino al amor es único."

"En el jardín de la humanidad, cada flor
brilla con su propia luz."

"Un mundo de colores es un mundo sin sombras."

"La igualdad no es el fin, es el principio
de una historia más rica."

"Cuando damos espacio a los demás
para ser, el mundo se expande."

"La inclusión es el puente hacia corazones más conectados."

"Un abrazo vale mil palabras de aceptación."

"Cada paso hacia la aceptación ilumina
un camino hacia la paz."

"La empatía es la semilla de la que
brota la comprensión."

"La verdadera fuerza reside en la capacidad de amar sin límites."

"Las voces unidas en diversidad cantan
la melodía más hermosa."

"La libertad de expresión es el lienzo
de nuestra humanidad."

"La diferencia es el ritmo que hace
bailar al mundo."

"El entendimiento mutuo es el camino
que todos debemos caminar."

"En la aceptación del otro, encontramos nuestra verdadera esencia."

"La inclusión no es solo abrir la puerta,
es invitar a entrar."

"El amor es el idioma universal que
todos los corazones entienden."

"La unidad en la diversidad es la verdadera armonía del mundo."

"Cada paso hacia la aceptación es una
flor en el jardín del progreso."

"El corazón no conoce fronteras; el amor no conoce límites."

"La luz de la inclusión disipa las
sombras del prejuicio."

"Abrazar nuestras diferencias nos teje más fuertes como comunidad."

"En el espectro del amor, cada color
brilla con igual intensidad."

"La tolerancia es el suelo fértil donde
florece la paz."

"La verdadera belleza del mundo reside
en su diversidad."

"Ser tú mismo es la llave que abre el corazón del mundo."

"El respeto es el hilo dorado que une a
la humanidad."

"La aceptación es el eco de un mundo
que aprende a amar mejor."

"Cada expresión de identidad es una estrella en el cielo de la humanidad."

"La igualdad es la nota clave en la
sinfonía de la justicia."

"El amor sin barreras es la danza del espíritu libre."

"En el abrazo de lo diverso,
encontramos nuestra riqueza común."

"La diversidad es el puente que nos
lleva a mundos desconocidos."

"La verdadera inclusión es ver el
mundo a través de los ojos del otro."

"Un corazón abierto es un mundo sin fronteras."

"Cada acto de amor es una revolución
contra la indiferencia.".